# ELIZABETH COLE

# MI FORMA PARA LOS BUENOS MODALES

Hola

¿Cómo estás?

Por favor

¿Puedo ayudarte?

Discúlpame

Lo siento

ILUSTRADO POR
TATYANA KIM

*"Los buenos modales son solo una forma de demostrar a los demás que les respetamos".*

**— Bill Kelly**

Traducido por Marina Miguez

Copyright 2023 por Elizabeth Cole - Todos los derechos reservados.

Todos los derechos reservados.
Ninguna parte de esta publicación o de la información que contiene puede ser citada o reproducida de ninguna manera por medios como la impresión, el escaneo, la fotocopia o cualquier otro sin el permiso previo por escrito del portador de los derechos de autor.

Descargo de Responsabilidad y Condiciones de Uso:
Se ha hecho un esfuerzo para asegurar que la información de este libro sea precisa y completa, sin embargo, el autor y la editorial no garantizan la exactitud de la información, el texto y los gráficos contenidos en el libro debido a la naturaleza rápidamente cambiante de la ciencia, la investigación, los hechos conocidos y desconocidos e Internet.

La Autora y la editorial no se responsabilizan de los errores, omisiones o interpretaciones contrarias del tema aquí tratado.

Este libro se presenta únicamente con fines motivadores e informativos.

# Este libro pertenece a

..................................................................................
..................................................................................

Casi siempre, Melissa es encantadora;
es dulce y alegre, una niña soñadora.
Pero a veces, sus modales parecieran escapar,
y un comportamiento descortés suele demostrar.

Le gusta hacer el pino y la rueda lateral sin parar,
pero rara vez se lavaba las manos antes de cenar.
Disfruta sus ensaladas rociadas con un toque de limón,
pero mastica con la boca abierta en cada ocasión.

Melissa adora con su hipopótamo y zorro jugar,
pero nunca los guarda en la caja al terminar.
Una vez su mamá le regaló una diadema colorada,
pero Melissa no le agradeció y la tomó apresurada.

En el colegio, ansiosa por expresar su pensar,
interrumpía a sus amigos, sin cortesía al hablar.
No compartía sus crayones, aunque bien podría,
y con tal comportamiento, a sus amigos entristecía.

Melissa no se daba cuenta que a los demás enfada,
hasta que un día, se sintió triste, sola y desplazada.
Sus compañeros no la invitaron con su cometa a jugar.
Molestos le dijeron: "Tus modales debes mejorar".

Cuando Melissa llegó a su casa, cabizbaja andaba.
No podía olvidar lo que en el parque infantil pasaba.
Con lágrimas brillantes en sus ojos, triste se veía.
Le reclamó a su mamá: "Nadie conmigo jugar quería".

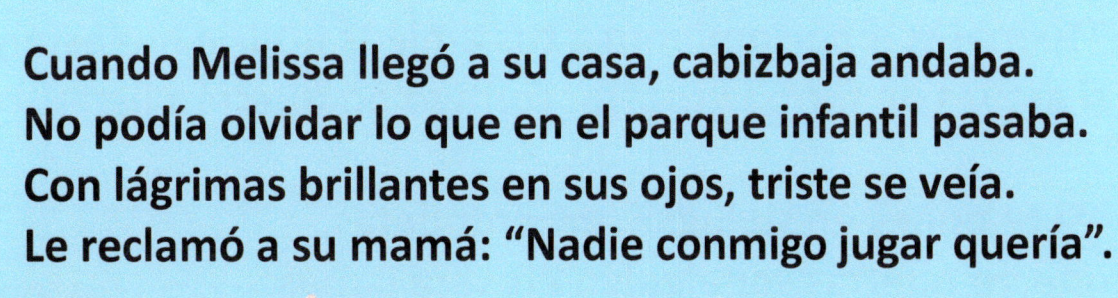

La mamá de Melissa sus lágrimas le secó.
"Tal vez debas aprender modales", le indicó.
"Tu mal comportamiento a tus amigos podría molestar,
si actúas de forma grosera, contigo no querrán jugar".

"Si te pones en su lugar comprenderás,
que no querrás ser alguien grosera jamás.
Muestra respeto, cariño y aprecio sin fin,
trata a otros como quieres que te traten a ti".

Melissa quería seguir el consejo de su madre,
pero no sabía portarse bien, era un desastre.
Así que su mamá propuso una lista crear,
con reglas de buenos modales para no olvidar.

Melissa guardó la lista en el bolsillo de su falda,
y corrió al zoológico rápido como si fuera alada.
Mas al llegar, una larga fila encontró en la entrada,
suspiró, pensativa, ¿qué puedo hacer?, se preguntaba.

Mamá dijo no saltarse la fila. "Mira la lista en su lugar".
"Debo intentar ser paciente", Melissa expresó al pensar.
Esperó y esperó y, sorprendentemente, se sintió bien,
dejó pasar a una mamá y a su bebé en la fila también.

Llegaron a la taquilla del zoológico después de un rato. Melissa miró su lista de modales y sonrió con agrado. Con mucha educación, ella se expresó sin titubear: "¡Hola! Dos entradas para nosotras quisiera comprar".

Cuando recibió las entradas, Melissa no sabía qué hacer.
Revisó la lista y educadamente dijo: "¡Gracias!" con placer.
Muy contenta y emocionada al zoológico entró.
Vio un león rugiendo y un canguro también pasó.

Melissa ayudó al cuidador cuando al suelo fue a parar,
le tendió su mano y su preocupación supo demostrar.
Mas un mono se burló de ella, cada gesto queriendo imitar,
Melissa respondió: "Mi lista no aprueba esa forma de actuar".

Melissa se preocupó cuando escuchó al niño sollozar,
se le había caído el helado y había tristeza en su mirar.
Le dio una palmadita y le aseguró: "Todo estará bien.
No llores, por favor. Tengo un dulce para ti también".

El niño agradecido, al ver que ella compartía sin dudar,
compartió con Melissa su osito de peluche para jugar.
Melissa se sentía muy bien y estaba encantada,
"Otros serán amables conmigo si soy educada".

De camino a casa, Melissa vio a una niña jugar.
Le dijo: "Tu vestido es precioso, te hace resaltar".
Melissa se llenó de alegría cuando vio a la niña sonreír.
"Los buenos modales son geniales y en mi estilo deben ir".

"Con ellos, la vida es bella, más que ayer.
¡Así que educada y cortés por siempre seré!".
Al llegar Melissa a casa, tomó una escoba y se puso en acción,
y alegró mucho a su mamá al limpiar su cuarto con dedicación.

Al cenar, se sentó y la servilleta sobre sus rodillas colocó.
"¿Me pasarías la sal, por favor?", con educación pidió.
Cuando Melissa derramó el té de su taza, sin querer,
se disculpó y dijo: "Lo siento, lo limpiaré con placer".

Melissa se olvidó su lista sobre la cama un día,
pero en la escuela dijo: "Buenos días", con alegría.
Al terminar la clase, Melissa supo qué expresar:
"Adiós, nos vemos mañana", saludó al marchar.

En casa, su mamá al bebé en su regazo acunaba,
Melissa no gritó mientras su hermano reposaba.
En su lugar, Melissa mostró ser dulce y cortés, sin dudar,
besó su nariz y dijo: "Te quiero. Ahora toca descansar".

Se cepilló los dientes, sin que su mamá se lo pidiera,
se alegró al oír: "Estoy orgullosa de ti, eres mi estrella".
Al meterse en la cama, la lista al suelo fue a parar,
Melissa la dejó allí, pues ya no la iba a necesitar.

# LOS BUENOS MODALES IMPORTAN

Ve aquí para conseguir tu juego "Empareja los modales"

¡Mis queridos pequeños lectores!

Como ya has aprendido en este libro, tener buenos modales es crucial en la vida cotidiana. Los modales te enseñan a respetar a los demás y ayudan a que los demás te respeten a ti. Espero sinceramente que este libro te haya mostrado algunas formas divertidas de ser una buena persona. ¡Seguro que te traerá muchos amigos con los que jugar y pasarlo bien!

Me encantaría conocer tu opinión sobre este libro. Me ayudará mucho mientras escribo el siguiente. Sí, ¡habrá otro libro! ¡Habrá muchos más libros de esta serie que merece la pena esperar y leer! ¿Puedes adivinar a qué retos se enfrentará la pequeña Melissa la próxima vez? ¿Cómo se sentiría? Comparte tus ideas conmigo, ¡y quizá las encuentres en uno de los siguientes libros! ¿No sería fantástico? ¡Me hace mucha ilusión saber de ti! Puedes escribirme a elizabethcole.author@gmail.com o visitar www.ecole-author.com

¡Tu aportación significa mucho para mí!
Puedes dejar tu opinión sobre este libro aquí:

Con amor,
Elizabeth Cole

www.ingramcontent.com/pod-product-compliance
Ingram Content Group UK Ltd.
Pitfield, Milton Keynes, MK11 3LW, UK
UKHW060216240426
12048UKWH00030BB/1684